과학은 쉽다!

★ 초등학교 과학 교과서와 함께 봐요!

과학 3-2 동물의 생활
과학 4-2 식물의 생활
과학 5-1 다양한 생물과 우리 생활
과학 5-2 생물과 환경
과학 6-1 식물의 구조와 기능

* 3~6학년 과학 교과서는 출판사별로 교과 단원 순서가 달라, 순번을 표기하지 않았습니다.

차례

1 자연은 어떻게 움직일까? 생태계가 유지되는 방법

생태계란 무엇일까? • 8   애벌레의 세계, 그것이 생태계 • 12
작건 크건 생태계야 • 14   생태계의 삼총사 • 16
모든 것의 시작, 생산자 • 18   강할수록 더 높은 소비자 • 20
먹고 먹히는 관계, 먹이 사슬 • 22   실타래처럼 얽힌 먹이 그물 • 24
생산자 대 소비자, 어느 쪽이 더 많을까? • 26

더 알아보기 광합성은 어떻게 일어날까? • 28   도전! 퀴즈 왕 • 30
질문 있어요! 사람이 생태계를 만들 수 있나요? • 32

2 동물들의 생존 전략 생태계 균형 이루기

생물에게는 천적이 있어! • 34   생태계가 평형을 유지하는 법 • 38
천적이 꼭 있어야 할까? • 40   천적을 피하는 기술 • 42
경쟁보다는 양보가 살길 • 44   너도 살고, 나도 사는 방법 • 46
상어라는 공짜 버스를 타자 • 48   남에게 피해를 주는 생물 • 50
자연의 청소부, 분해자 • 52

더 알아보기 폐허가 된 숲이 살아나는 법 • 54   도전! 퀴즈 왕 • 56
질문 있어요! 호랑이의 사냥 성공률은 얼마나 되나요? • 58

3 환경에 몸을 맞추는 동식물들 생물의 적응

생물은 어떻게 환경에 적응할까? · 60　조금씩, 천천히 맞춰 가 · 64
더위에 완전 무장한 동물들 · 66　추위를 이기는 동물들의 비결 · 68
너무 추우면 잠을 자자 · 70　식물들의 겨울나기 · 72
빛에 적응하는 동물들 · 74　갑자기 지구 환경이 변할 때 · 76

더 알아보기 지구를 바꾼 대멸종 · 78　도전! 퀴즈 왕 · 80
질문 있어요! 멸종한 동물을 되살릴 수 있나요? · 82

4 생태계가 위험해 환경 오염이 미친 영향

사람이 자연에 남긴 흔적 · 84　제6차 멸종이 온다고? · 88
집을 잃어 가는 동물들 · 90　뜨거워지는 지구, 생태계 파괴의 핵심 · 92
빙하는 녹고, 해수면은 높아지고 · 94　점점 늘어나고 있는 사막 · 96
생태계를 병들게 하는 쓰레기 · 98

더 알아보기 온실 효과와 온실가스 · 100　도전! 퀴즈 왕 · 102
질문 있어요! 코로나 바이러스도 지구 온난화 때문인가요? · 104

5 이제는 환경을 살릴 시간 생태계 복원

환경을 위해 할 수 있는 일 · 106　우리의 삶터를 되살리기 · 110
이산화 탄소를 줄이기 위한 노력 · 112　지구에 남는 발자국을 줄이자 · 114
그 많은 플라스틱이 가는 곳 · 116　플라스틱은 지구에서 사라져야 할까? · 118
과학은 플라스틱 쓰레기를 해결할 수 있을까? · 120
'나'로 시작하는 환경 운동 · 122　한 사람 한 사람의 관심을 모으자 · 124

더 알아보기 미세 플라스틱이 대체 뭐야? · 126　도전! 퀴즈 왕 · 128
질문 있어요! 스티로폼도 다시 쓸 수 있나요? · 130

① 자연은 어떻게 움직일까?

생태계가 유지되는 방법

생태계란 무엇일까?

애벌레의 세계, 그것이 생태계

여기 작은 배추흰나비 애벌레가 한 마리 있어. 방금 알에서 깨어난 애벌레는 배가 고픈지 배춧잎부터 갉아 먹기 시작해. 배추는 애벌레가 영 달갑지 않아. 애써 만든 배춧잎을 끝도 없이 먹어 치우니 그럴 만도 하지. 다행히 햇빛과 물, 기름진 땅이 주어지면 배추는 계속 새 잎을 만들어 낼 수 있어.

배추와 애벌레처럼 생물이 서로 영향을 주고받으면서 햇빛과 물, 땅과 어울려서 살아가는 모습이 바로 생태계야.

생태계는 동식물처럼 살아 있는 생물과 물, 공기, 햇빛처럼 살아 있지 않은 비생물로 이루어져 있어. 이들은 다양한 방법으로 서로에게 영향을 끼쳐. 햇빛은 배추를 자라게 하고, 배춧잎은 애벌레의 먹이가 되는 것처럼 말이야.

생물들이 물, 햇빛 같은 환경이나 다른 생물들과 영향을 주고받는 걸 **관계를 맺는다**라고 해. 생태계 속의 많은 관계들은 생태계를 유지시키는 데 아주 중요해.

작건 크건 생태계야

생태계의 종류는 다양해. 지구 자체를 커다란 하나의 생태계로 보기도 하고, 지구 안의 다양한 환경에 따라 나누기도 하지. 바다나 숲처럼 큰 생태계도 있고 어항이나 텃밭처럼 작은 생태계도 있어.

생태계를 나누는 기준은 장소야. 어떤 장소인지에 따라 환경이 달라지고, 환경에 따라 살고 있는 생물의 종류가 달라. 그래서 생태계라는 말 앞에는 장소의 이름을 붙여. 숲 생태계, 해양 생태계, 호수 생태계, 사막 생태계처럼 말이야.

다양한 생물이 사는 생태계 중에는 정글이라 불리는 열대 우림이 있어. 열대 우림은 육지 면적의 6퍼센트 정도에 불과할 정도로 작아. 하지만 다른 곳에서 볼 수 없는 온갖 새들과 곤충, 포유류 등이 있는데, 이 동물과 식물은 전체 생물 종의 절반에 가까워.

그렇다면 가장 적은 종류의 생물이 사는 생태계는 어디일까? 바로 사막 생태계야. 사막은 밤낮의 온도 차가 커서 낮에는 몹시 덥고 밤에는 추워. 또 매우 건조하기도 해서 동식물이 살아가기 어려운 환경이야. 이런 악조건 때문에 그 어느 생태계보다 적은 수의 동식물이 살고 있어.

생태계의 삼총사

생물은 먹이를 얻는 방법에 따라 생산자, 소비자, 분해자로 나눠. 하나씩 차례대로 살펴보자.

첫째, **생산자**는 그 이름처럼 스스로 먹이를 만들어. 먹이를 만든다는 건 요리를 한다는 뜻이 아니야. 영양가 있는 물질을 몸에서 스스로 만든다는 뜻이지. 녹색식물은 모두 생산자야.

둘째, **소비자**는 살아 있는 다른 생물을 먹고 배를 채워. 동물이라면 다 소비자지. 동물은 각자 입맛에 따라 식물을 먹기도 하고 다른 동물을 잡아먹기도 해. 사람처럼 식물과 동물을 모두 먹는 소비자도 있고.

마지막으로 **분해자**가 있어. 분해자는 뭐든지 잘 분해해서 붙은 이름인데, 살아 있는 것을 먹지는 않아. 대신 죽은 생물이나 배설물을 분해해서 양분을 얻어. 버섯이나 곰팡이, 세균 등이 분해자지. 대부분 크기가 작아서 눈에 잘 안 보이지만, 알고 보면 우리 주변에 무지무지 많아.

생태계가 균형을 이루려면 생산자, 소비자, 분해자가 모두 필요해. 어느 하나라도 빠진다면 생태계는 금방 망가져 버리고 말 거야.

모든 것의 시작, 생산자

앞에서 녹색식물은 생산자라고 했지? 녹색식물은 햇빛을 충분히 받는 것만으로도 살아갈 수 있어. 어째서냐고? 햇빛을 받는 동안에 녹색식물 속 엽록체에서 일어나는 광합성 덕분이야.

엽록체란 식물 잎의 세포 속에 있는 한 부분이야. 엽록체 안에 들어 있는 엽록소라는 색소가 빛 에너지를 흡수해서 포도당을 만드는 역할을 해. 포도당은 또 뭐냐고? 포도당은 식물을 살게 하는 영양소 중에 하나야. 이렇게 식물이 빛 에너지를 이용해서 자신에게 필요한 영양소, 즉 양분을 스스로 만드는 것을 **광합성**이라고 한단다.

식물은 포도당을 만들 때 산소도 함께 만들어. 동물이 숨을 쉬는 데에는 산소가 꼭 필요하다는 것 알지? 식물이 광합성을 할 때마다 이 중요한 산소를 만들어 공기 중으로 내보내.

식물의 광합성은 식물뿐 아니라 생물 모두에게 중요해. 식물이 만든 포도당은 식물을 살릴 뿐 아니라, 그 식물을 먹는 초식동물도 살려. 이렇게 영양분이 먹이 사슬을 타고 사람에게까지

도달해. (먹이 사슬에 대해서는 22쪽에서 자세히 이야기할게.) 식물 덕에 모든 생물이 먹고 사는 셈이야.

강할수록 더 높은 소비자

약육강식이란 말 들어 본 적 있니? 약한 자가 강한 자에게 먹힌다는 뜻이지. 동물들의 세계, 특히 소비자들 사이에는 이 말이 딱 들어맞아. 작은 동물은 크고 힘센 동물의 먹잇감이 되고 말거든. 몸집이 크고 힘이 셀수록 생태계에서 위치가 높아져.

위치라니, 이게 무슨 말이냐고? 소비자에도 단계가 있다는 뜻이야. 소비자는 어떤 먹이를 먹느냐에 따라 1차 소비자, 2차 소비자, 3차 소비자 등으로 구분해.

1차 소비자는 생산자를 먹이로 하는 생물이야. 메뚜기나 토끼처럼 풀을 먹는 초식 동물이 여기에 속하지.

2차 소비자는 1차 소비자를 먹이로 하는 생물이야. 박쥐, 개구리 등 비교적 몸집이 작은 동물이 여기 속해.

2차 소비자를 잡아먹는 **3차 소비자**에는 뱀이나 매처럼 비교적 몸집이 큰 동물이 포함돼. 만일 3차 소비자를 잡아먹는 소비자가 있다면 그 동물은 4차 소비자가 되겠지.

소비자들을 차례로 나열해 보자. 그러면 크고 강한 동물일수

록 높은 위치에 있다는 걸 알 수 있어.

생태계가 크고 복잡할수록 소비자의 단계는 더 많아질 수 있어. 계속 올라가다 보면 제일 위에는 아무에게도 잡아먹히지 않는 사자, 범고래 같은 **최종 소비자**가 있겠지. 그럼 사람은 어느 단계에 속할까?

사람은 잡아먹힐 일도 거의 없고 3, 4차 소비자를 사냥하니 최종 단계에 있다고 할 수 있지.

3차 소비자

2차 소비자

1차 소비자

녹색식물은 모두 생산자

먹고 먹히는 관계, 먹이 사슬

생물들 사이에는 먹고 먹히는 관계가 있어. 먹이 관계는 마치 사슬처럼 연결되어 있는데 이를 **먹이 사슬**이라고 해. 꼬리잡기 게임 해 본 적 있지? 먹이 사슬도 그와 비슷하게 한 줄로 이어져.

1차 소비자는 생산자를 먹고, 2차 소비자는 1차 소비자를 먹어. 그리고 3차 소비자는 2차 소비자를 먹고 살지. 그러므로 모든 생물은 다른 생물의 먹잇감이 되거나 다른 생물을 먹고 사는 거야. 먹이 사슬에서 잡아먹는 쪽을 **포식자**, 잡아먹히는 쪽을 **피식자**라고 불러. 모두가 포식자이자 피식자인 셈이지.

생태계마다 서로 다른 먹이 사슬을 찾을 수 있어. 들판에는 풀-메뚜기-개구리-뱀 등으로 이어지는 먹이 사슬이 있고, 바다에는 식물성 플랑크톤-동물성 플랑크톤-멸치-오징어-상어-범고래까지 이어지는 먹이 사슬이 있지.

보통 육지보다 바다의 먹이 사슬이 더 긴데, 그건 바다에 사는 생물이 몸의 크기가 더 다양해서 더 많은 갈래로 나누어져 있기 때문이야. 만일 육지에 사는 생물이 더 여러 갈래로 나누어져 있었다면 더 긴 먹이 사슬이 만들어졌겠지.

실타래처럼 얽힌 먹이 그물

판다는 대나무 잎이 주식인 거 알지? 판다처럼 한 가지 먹이만 먹는 생물은 흔하지 않아. 대나무가 멸종한다면 판다는 먹을 게 없으니 멸종 위험이 높겠지. 사실 판다는 육식 동물이었다가 사는 곳의 기후 변화로 인해 대나무를 먹기 시작했대.

대부분의 동물들은 여러 가지 먹이를 먹을 수 있고, 새로운 먹이에 적응하기도 해. 사냥을 잘하기로 유명한 매는 개구리만 먹지 않아. 올빼미도, 토끼도 사냥하지.

이렇게 생태계의 먹이 사슬은 서로 얽히고설키는 거야. 이처럼 여러 먹이 사슬이 얽혀 그물처럼 연결되어 있는 것을 **먹이 그물**이라고 해. 생태계 안에 생물의 수가 많을수록 먹이 그물은 복잡해져. 그렇다면 먹이 그물은 복잡한 편이 나을까, 단순한 편이 나을까? 복잡한 쪽이 동물에게는 유리해. 그만큼 먹이가 많아서 굶어 죽을 확률이 낮다는 뜻이니까.

개구리가 갑자기 전부 사라진다 해도 올빼미나 매가 당장 굶지는 않아. 들쥐나 토끼를 먹을 테니까. 그러나 먹이 그물에 구멍이 나기 시작하면 생태계는 점점 무너지게 돼.

생산자 대 소비자, 어느 쪽이 더 많을까?

생산자와 소비자 중 어느 쪽이 수가 더 많을까? 소비자는 여러 단계로 이루어져 있으니 소비자? 아니, 실제로는 생산자의 수가 훨씬 많아. 소비자는 단계에 따라 수가 다른데, 위로 갈수록 적어지거든.

각 단계의 생물 수를 그림으로 나타내면 피라미드 모양이 돼. 이걸 **생태 피라미드**라고 해.

안정된 생태계에서는 생태 피라미드 모양이 잘 유지돼. 아래

호수의 생태 피라미드

단계의 소비자일수록 수가 많고, 소비자에 비해서 식물, 즉 생산자가 훨씬 많아야 한다는 뜻이야.

만일 어떤 이유로 생산자 수가 소비자 수보다 크게 줄어들면, 소비자 중에 사냥을 잘 못하는 동물들은 굶어 죽고 말 거야. 먹이가 되는 식물도 씨가 마르겠지. 이런 지경이 되면 생태계가 무너지는 건 금방이야.

생태 피라미드에서 각 단계의 수가 피라미드 모양으로 잘 유지되는 상태를 **생태계가 평형을 이루었다**라고 말해.

숲의 생태 피라미드

> 더 알아보기

광합성은 어떻게 일어날까?

　광합성은 식물이 빛이라는 에너지를 이용해서 양분을 만드는 과정이라고 앞에서 말했지? 이건 식물의 엽록체에서 일어나는 일이지. 엽록체에는 엽록소라는 초록색 색소가 잔뜩 들어 있는데 이 엽록소가 빛 에너지를 흡수해.

　광합성에는 빛 에너지뿐 아니라 물과 이산화 탄소도 필요해. 그렇다면 물과 이산화 탄소는 어디로 들어올까? 물은 뿌리가 흡수해서 잎으로 보내고, 이산화 탄소는 잎 뒷면의 기공이라는 구멍을 통해 들어와.

　재료가 모두 갖춰지면 엽록체에서 물과 이산화 탄소, 그리고 빛 에너지를 이용해서 포도당을 만들어. 혹시 생물체의 영양에서 가장 중요한 3대 영양소를 알고 있니? 바로 탄수화물, 단백질, 지방이지. 이 중 탄수화물을 이루는 기본 물질이 포도당이야. 우리가 자주 먹는 밥, 빵 같은 음식에 포도당이 풍부하게 들어 있지.

식물은 이렇게 만든 포도당을 꽃과 줄기, 뿌리 등 제 몸의 곳곳으로 보내. 그러고도 남으면 녹말로 만들어서 저장하지. 녹말은 무수히 많은 포도당이 줄줄이 연결된 형태야. 녹말로 만드는 수고까지 들이는 이유가 뭐냐고? 녹말은 비교적 안정적인 형태로 저장했다가 다시 분해해서 사용할 수 있다는 장점이 있거든.

그런데 광합성을 할 수 있는 동물도 있다는 거 아니? 바로 갯민숭달팽이의 한 종류인 엘리시아 클로로티카(*Elysia chlorotica*)야. 엘리시아 클로로티카는 태어날 때는 다른 갯민숭달팽이처럼 몸이 투명한데, 물속에서 사는 초록색 생물 중 하나인 바우체리아 리토레아(*Vaucheria litorea*)를 먹고 나면 몸이 초록색으로 변해. 그리고 바우체리아의 엽록체를 제 몸에 저장하지. 이 엽록체로 광합성을 해서 먹지 않고도 6~8개월을 살 수 있다고 해. 아래 사진을 봐. 엽록체를 가득 저장하고 있는 엘리시아 클로로티카가 마치 초록색 나뭇잎처럼 보이지?

▲엘리시아 클로로티카의 모습
ⓒPatrick Krug 출처: 플리커

⭐ 도전! 퀴즈 왕

1. 다음 생물들을 생산자, 소비자, 분해자로 나누어 보세요.

• 민들레	• 나비	• 버섯	• 애벌레	• 개구리
• 매	• 곰팡이	• 벼	• 참나무	

① 생산자 :

② 소비자 :

③ 분해자 :

2. 녹색식물에 대한 설명으로 틀린 것을 고르세요.

① 산소를 만들어 내요.

② 동물들의 먹이가 되어요.

③ 광합성으로 스스로 영양분을 만들어요.

④ 죽은 생물이나 배설물을 분해해요.

3. 오른쪽 먹이 그물을 보고 각 동물이 1, 2, 3차 소비자 중 어느 것에 해당하는지 써 보세요.

① 메뚜기 :

② 개구리 :

③ 매 :

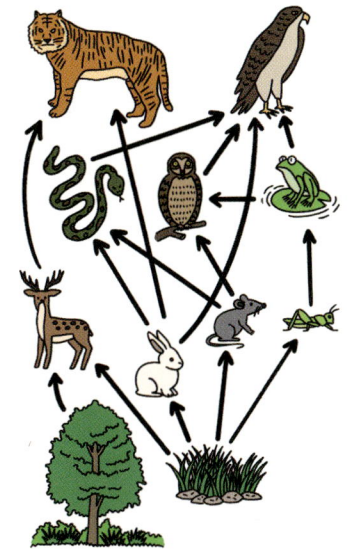

4. 오른쪽 그림처럼, 먹이 사슬의 각 단계에 있는 생물들의 수를 그림으로 나타낸 것을 무엇이라고 하나요?

① 생태계

② 먹이 사슬

③ 먹이 그물

④ 생태 피라미드

정답 1.①민들레, 벼, 장미나무 ②나비, 애벌레, 개구리, 매 ③바람, 공기 2.④
3.①1차 소비자 ②2차 소비자 ③3차 소비자 4.④

> 질문 있어요!

사람이 생태계를 만들 수 있나요?

필요한 조건을 만들어 주면 그럴 수 있어. 에코스피어가 그 예지. 에코스피어는 외부와 독립된 하나의 생태계를 말해. 어느 미국인이 어항 안에 작은 생태계를 만들어 판 적이 있어. 꽉 닫힌 어항 속에는 인공 바닷물과 해조류, 자갈, 조개껍데기, 새우와 미생물이 들어 있었지. 햇빛을 적당히 비추어 주었더니 그 생물들은 스스로 살아남았어.

사람이 살 수 있는 인공 생태계를 만든 적도 있어. '바이오스피어 2'라는 거대한 유리 돔이었지. 과학자들이 지구가 아닌 곳에 생물이 살 수 있는 기지를 만들 수 있을지 실험하기 위해 만든 거야. 외부와 완전히 격리된 공간에 4000종의 동물과 식물, 그리고 8명의 사람이 들어가 살았지. 이 안에는 농장, 숲, 사막, 바다도 있었어.

이 실험은 성공했을까? 안타깝게도 2년 만에 중단했어. 흙 속의 미생물이 산소를 너무 많이 써서 산소는 부족해졌고, 사람과 동물들은 이산화 탄소를 너무 많이 내뿜었거든. 이렇게 산소와 이산화 탄소의 균형이 깨지자 식물부터 차례대로 말라 죽기 시작해서 결국 동물들도 죽고 아무도 살 수 없는 곳이 되어 버렸어. 이를 보면 생태계 평형이 얼마나 중요한지 알 수 있어.

② 동물들의 생존 전략

생태계 균형 이루기

생물에게는 천적이 있어!

생태계가 평형을 유지하는 법

운동을 하면 땀이 나지? 땀은 공기 중으로 증발하면서 몸에서 열을 빼앗기 때문에 체온을 낮추는 역할을 해. 이처럼 우리 몸에는 일정한 체온을 유지하게 하는 여러 장치들이 있어.

이건 생태계도 똑같아. 생태 피라미드의 형태가 잘 유지되도록 생산자와 각 단계의 소비자의 수를 조절하는 장치들이 여럿 있지.

그중 하나는 먹이의 양에 따라 새끼 수를 조절하는 거야. 식물들이 잘 자라는 해에는 살기가 좋아졌다 생각해서 초식 동물

올해는 먹을 게 많아서 새끼를 많이 낳았답니다.

들이 새끼를 많이 낳아. 그러면 먹잇감이 풍부해져서 육식 동물의 수도 덩달아 늘어나.

그런데 이게 지나쳐서 초식 동물들이 새끼를 너무 많이 낳으면 식물이 부족해질 거야. 그러면 굶어 죽는 초식 동물이 많아지지. 자연히 육식 동물도 먹잇감이 줄어들어 사냥이 어려워져서 수가 줄어들어. 마치 도미노처럼 먹이 사슬을 따라 수가 늘었다 줄었다 하는 거야.

자연의 이런 조절 능력 덕분에 한 생물이 특별히 많아지거나 적어지지 않고 적절한 수를 이룰 수 있어. 그 덕분에 생태계는 늘 평형을 유지하는 거지.

천적이 꼭 있어야 할까?

천적이란 어떤 동물을 먹잇감으로 삼는 포식자를 말해. 개구리의 천적은 뱀이고, 뱀의 천적은 매이지.

천적 관계도 생태계 평형을 지키는 데 중요해. 만일 뱀에게 천적이 없다면 뱀의 수가 늘어나서 마구잡이로 개구리를 사냥할 거야. 그러면 결국 개구리는 자취를 감추게 되겠지. 천적은 이런 불행한 사태를 막아 주는 자연의 장치야.

황소개구리는 천적이 없는 게 얼마나 위험한지 확실하게 알려 주었어. 황소개구리는 사람들이 먹기 위해 외국에서 들여온 동물인데 덩치가 커서 몸집이 작은 개구리는 물론 뱀까지, 원래 우리나라에 살고 있는 토종 생물을 닥치는 대로 잡아먹었어.

더 심각한 건 우리 땅에 사는 동물이 외국에서 온 황소개구리가 너무 생소한 나머지 이를 먹이로 인식하지 못했다는 거야. 그래서 천적이 없었지. 먹이는 풍부한데 잡아먹히지는 않으니 황소개구리는 무서운 속도로 번식했어. 곧 우리나라 생태계를 망가뜨리기 시작했지.

다행히 지금은 사람들이 황소개구리를 많이 잡기도 했고, 너구리나 왜가리 등 황소개구리를 잡아먹는 천적이 생겨 그 수가 많이 줄어들었어.

천적을 피하는 기술

천적 덕에 생태계가 유지되긴 하지만, 동물에게 천적이란 무서운 적일 뿐이지. 그래서 동물들은 각자 자기만의 방법으로 천적의 눈을 피하거나 달아날 시간을 벌어.

가장 흔한 방법은 보호색을 띠는 거야. 북극여우나 눈신토끼의 하얀 털은 눈과 잘 구별되지 않게 해 주는 보호색이야. 카멜레온은 아예 주위 환경에 따라 몸 색깔을 바꿔서 스스로를 감추지.

목도리도마뱀은 위험에 빠지거나 적을 만나면 목도리에 달린 주름 같은 막을 펼쳐서 "나 이렇게 몸집이 크니까 함부로 덤비지 마!"라고 경고해.

뿔도마뱀은 더 살벌해. 눈 근처에 있는 핏줄을 터뜨려 상대방에게 피를 뿜거든. 아무리 센 천적이라도 깜짝 놀라 도망가겠지?

주머니쥐나 풀뱀은 천적을 만나면 죽은 척하고, 스컹크는 살아남기 위해 고약한 방귀를 뀌어서 천적을 물리쳐.

천적을 피하기 위한 동물들의 전략이 참으로 기발하고 다양하지?

경쟁보다는 양보가 살길

갈겨니와 피라미는 호수나 강, 냇가 등에 사는 물고기야. 몸집이 아주 작은 데다 줄무늬 방향만 달라서 자세히 보지 않으면 구별하기 어려워.

갈겨니와 피라미는 생김새만 비슷할 뿐 사는 곳도 먹이도 달라. 갈겨니는 계곡이나 하천의 상류 지역에 살며 물에 사는 곤충 등을 잡아먹고, 피라미는 하천의 중류 지역에 살면서 곤충과 식물 플랑크톤을 먹어.

가끔은 둘이 같은 곳에 살기도 해. 그러면 정말 놀라운 일이 일어나. 피라미가 갈겨니의 유일한 먹이인 곤충은 먹지 않고 양보하고, 사는 곳도 거리를 두지. 갈겨니는 하천 가장자리 쪽에 주로 머물고, 피라미는 하천 가운데에서 살아가는 거야. 불필요한 경쟁을 줄여서 둘 다 잘 살기 위한 선택인 거지.

갈겨니와 피라미뿐만이 아니야. 많은 동물이 서식지나 먹이가 겹치면 경쟁하기보다는 서식지나 먹이를 나눠 가짐으로써 함께 사는 길을 택해. 그러면 두 종 모두 경쟁만 하다 죽지 않고 잘 살 수 있으니까. 나름의 지혜를 발휘하는 거야.

너도 살고, 나도 사는 방법

 영화 「니모를 찾아서」의 주인공 니모를 알고 있니? 그 물고기는 흰동가리라고 부르는데, 오렌지색 몸통에 흰색으로 나 있는 세 줄무늬가 인상적이야. 이 화려한 몸은 큰 물고기의 눈길을 끌기에 충분하지.

 흰동가리는 이 화려한 무늬로 말미잘에게 먹잇감을 유인해 줘. 말미잘 근처에 머물다가 큰 물고기가 공격하면 얼른 말미잘 속으로 숨어 버리지. 기회를 잡은 말미잘은 촉수로 독을 쏘아 물고기를 마비시킨 후 잡아먹어. 흰동가리는 말미잘에게 먹잇감을 유인해 주고, 말미잘은 흰동가리에게 안전한 보금자리를 제공하는 거야.

 흰동가리가 독을 맞으면 어떡하냐고? 흰동가리는 한 번 말미잘 독에 쏘이면 점액질의 보호막이 생겨나 면역이 되어 안전해. 이렇게 두 생물이 서로를 돕는 관계를 **상리 공생**이라고 해.

 생물 중에는 상리 공생 하는 관계가 아주 많아. 개미와 진딧물도 서로 이익을 주고받아. 개미는 진딧물이 안전하게 생활하

도록 지켜 주고, 진딧물은 이런 개미에게 단맛이 나는 배설물을 주지.

동백나무는 날씨가 추운 1~3월에 꽃이 피기 때문에 곤충들이 꽃가루받이를 해 주기가 어려워. 그래서 그 역할을 동박새가 대신하지. 동박새는 꽃가루받이의 대가로 꽃의 꿀을 얻어.

상어라는 공짜 버스를 타자

황로라는 새는 소, 말 같은 초식 동물 주변을 맴돌아. 소나 말이 풀을 뜯기 위해 풀을 헤집으면 곤충들이 놀라 날아오르기도 하고, 숨은 곤충이 보이기도 하거든. 이때를 노렸다가 곤충을 쉽게 잡아먹어. 애써 벌레를 찾아다니지 않아도 되니 힘을 덜 들이고도 배를 채울 수 있지.

소나 말은 황로에게 얻는 게 아무것도 없지만, 딱히 피해도 입지 않아서 굳이 황로를 쫓아내지 않아. 황로와 소나 말의 관계처럼 한쪽만 이익을 얻는 경우를 편리 공생이라고 해.

빨판상어는 상어도 아니면서 상어란 이름을 가지고 있어. 사

실은 상어에 빌붙어 사는 물고기지. 빨판상어는 머리 위쪽에 등지느러미가 변해 만들어진 타원형의 빨판이 달려 있어서 상어나 가오리, 바다거북의 몸에 달라붙을 수 있어. 그러면 상어나 가오리가 사냥하다가 떨어뜨린 부스러기를 받아먹을 수 있지. 게다가 아주 먼 거리도 힘들이지 않고 다닐 수 있고.

얌체 같지 않냐고? 텔레비전 프로그램 같은 데서는 얌체라고 표현하기도 하더라만, 글쎄……. 이 동물들이 에너지를 적게 들이고도 살아갈 수 있도록 나름의 방법을 찾아냈다고 하는 편이 맞지 않을까?

남에게 피해를 주는 생물

앞서 황로나 빨판상어는 공생하는 생물에게 특별한 피해는 안 준다고 했지? 그런데 자신의 이익을 얻는 데서 그치지 않고 한쪽이 피해를 입게 하는 관계도 있어. 이런 관계를 **기생**이라고 해.

대표적인 것이 기생충이야. 회충이나 십이지장충 같은 기생충은 사람의 몸속에 살면서 필요한 영양분을 쪽쪽 빨아먹지. 그래서 몸에 기생충이 있으면 체중이 줄거나 구역질이 나고 어지러울 수 있어.

기생 생물 중 가장 악명이 높은 건 뻐꾸기야. 뻐꾸기는 뱁새의 둥지에 알을 낳아. 그러고는 혹시 뱁새가 눈치챌까 봐 자기가 두고 간 알 수만큼 뱁새의 알을 둥지에서 밀어내. 뱁새는 그 뻐꾸기의 알을 자신의 알이라 여겨 열심히 품어 주지.

설상가상으로 뻐꾸기는 먼저 부화해서 뱁새의 알이나 막 부화한 뱁새 새끼를 가차 없이 둥지 밖으로 밀어내. 그러고는 혼자 어미의 사랑과 먹이를 독차지하며 자라나지. 어미 뱁새보다 몸집이 훨씬 더 커진 뻐꾸기는 날개에 힘이 생기면 미련 없이 둥지를 떠나.

기생 생물은 생각보다 매우 다양하고 많아. 그들도 나름의 역할이 있어서 함부로 없애면 생태계의 균형이 깨질 거야.

자연의 청소부, 분해자

생태계에는 매일같이 동물들의 배설물과 사체, 낙엽 등이 쌓여. 하지만 한없이 더러워지지는 않아. 자연의 청소부들이 부지런히 활동하고 있기 때문이야.

자연의 청소부들이란 분해자인 버섯이나 곰팡이, 세균 들을 말해. 이들은 썩은 나무, 낙엽, 나무 밑동, 죽은 생물 등을 분해해서 양분을 얻어. 먹고살기 위해서이긴 하지만 자신도 모르게 청소를 하고 있는 거지.

청소동물들도 한몫 거들어. 구더기, 까마귀, 독수리, 하이에나, 자칼처럼 죽은 동물을 먹이로 삼는 동물을 **청소동물**이라고 해. 이들은 동물의 몸을 한 번 더 깨끗이 처리해서 분해가 잘될 수 있도록 도와주지.

분해자들은 자연을 청소하는 것 외에도 중요한 일을 한 가지 더 해. 이들이 분해한 물질은 흙 속의 양분이 되어 식물에게 거름이 되지. 생산자를 돕는 거야. 어때? 자연이 서로 돕고 순환한다는 게 느껴지지?

더 알아보기

🐌 폐허가 된 숲이 살아나는 법

　가끔 산불이나 화산 폭발이 일어나서 숲이 불타 없어지기도 해. 그래서 숲이 집인 생물들도 덩달아 목숨을 잃게 되지. 그러면 이곳은 어떻게 될까? 영영 허허벌판으로 남을까? 그렇지 않아. 놀랍게도 숲은 천천히 다시 살아난단다.

　숲을 살리는 씨앗은 이끼야. 이끼는 햇빛이 거의 들지 않아도, 땅이 아주 메말라도 살 수 있는 강한 식물이지. 이끼는 최선을 다해 자라서 땅을 기름지게 만들어. 그리고 나면 한해살이풀, 여러해살이풀, 키 작은 나무들이 차례차례 자라나지. 여러 식물들이 부지런히 자라고, 열매를 맺고, 낙엽을 떨어뜨리는 동안 땅에는 양분이 차곡차곡 쌓여 가는 거야.

　한참 시간이 흘러 땅이 비옥해지면 소나무가 자라기 시작해. 소나무는 키가 크기 때문에 필요한 만큼 햇빛을 듬뿍 받으면 자랄 수 있어. 그래서 씨앗을 많이 퍼뜨려 소나무 숲을 이루지.

하지만 키 큰 나무들로 숲이 울창해지면 어린 소나무들이 잘 자라지 못해. 큰 나무들이 햇빛을 모두 가려 아래쪽은 그늘뿐이거든. 소나무는 자라는 데 햇빛이 많이 필요한데 말이야.

이 틈을 타 참나무와 단풍나무가 자리를 차지해. 참나무나 단풍나무는 소나무만큼 햇빛이 많이 필요하지는 않아. 그래서 소나무 그늘 속에서도 쑥쑥 자라 어느 순간에 소나무보다 키가 커져.

이때부터 상황이 달라지는 거야. 참나무와 단풍나무는 잎이 넓기 때문에 소나무보다 더 큰 그늘을 만들거든. 그러면 소나무는 햇빛이 부족해서 잘 자라지 못하고 수도 줄어들어. 결국 숲의 대부분은 참나무와 단풍나무로 채워져. 하지만 이게 끝은 아니야. 박달나무와 서어나무 들이 참나무와 단풍나무를 밀어내고 또다시 숲의 주인이 되지.

이렇게 맨땅이 울창해지기까지는 아주 오랜 시간이 걸려. 이처럼 어떤 지역을 이루는 식물 종이 시간이 흐르며 계속 변화하는 과정을 **천이**라고 해.

⭐ 도전! 퀴즈 왕

1. 다음 설명에 맞맞은 단어를 보기에서 찾아 연결하세요.

① 어떤 동물을 먹잇감으로 삼는 포식자를 말해요.

② 흰동가리와 말미잘의 관계처럼, 두 생물이 서로 돕는 관계를 일컫는 말이에요.

③ 황로와 소의 관계처럼, 어느 한쪽만 이익을 얻는 관계를 말해요.

④ 한쪽은 이익을 얻지만, 다른 한쪽은 피해를 입는 것을 뜻해요.

㉠ 상리 공생

㉡ 편리 공생

㉢ 기생

㉣ 천적

2. 황로가 소나 말 같은 초식 동물 근처에 머무는 까닭으로 맞는 것을 고르세요.

① 소나 말이 황로를 보호해 주기 때문이에요.

② 벌레나 곤충을 쉽게 잡을 수 있기 때문이에요.

③ 소나 말의 배설물이 필요해서예요.

④ 알을 낳은 곳을 찾기 위해서예요.

3. 분해자에 대한 설명으로 틀린 것을 고르세요.

① 버섯이나 곰팡이, 세균이 분해자예요.

② 죽은 생물을 먹고 살아가요.

③ 광합성을 해서 양분을 얻어요.

④ 자연의 청소부라고도 불려요.

4. 다음 동물들의 특징으로 맞는 것을 고르세요.

- 하이에나   · 자칼   · 독수리   · 까마귀

① 죽은 동물을 먹이로 삼아요.

② 녹색식물을 주식으로 해요.

③ 바닷가에서 살아요.

④ 초식 동물들을 보호해 줘요.

> 질문 있어요!

 **호랑이의 사냥 성공률은 얼마나 되나요?**

육식 동물에게 가장 중요한 일은 사냥이야. 사냥에 성공해야 배를 채울 수 있으니까. 그런데 문제는 사냥이 아주 힘든 일이라는 거지. 먹잇감을 찾아 돌아다녀야 하고, 찾더라도 잡기 위해서는 죽기 살기로 달려야 하거든.

그렇게 최선을 다해도 꼭 사냥에 성공하는 건 아니야. 도망가는 동물들도 목숨을 건지기 위해 전속력으로 달아나니까. 동물의 왕으로 꼽히는 호랑이의 사냥 성공률도 약 20퍼센트에 불과해. 10번에 2번 정도만 성공한다는 거지. 그래서 사냥에 성공하면 그야말로 배가 터질 때까지 먹어 둬. 언제 또 먹이를 잡을 수 있을지 모르니까 말이야.

사냥이 힘든 만큼 성공률을 높이기 위해 동물들은 특별한 무기를 하나쯤 가지고 있어. 악어는 억센 이빨, 치타는 시속 115킬로미터로 달릴 수 있는 다리가 무기지. 별다른 무기가 없는 너구리나 늑대는 무리를 지어 사냥을 해. 북방족제비는 토끼 앞에서 빙빙 돌며 미친 듯이 뛴대. 토끼가 무슨 일인가 싶어 어리둥절할 때 얼른 잡아먹는 거야. 흔히 동물은 배가 고프지 않으면 사냥하지 않는다고 하지. 사실은 사냥이 너무 힘들어서 꼭 필요할 때만 하는 거란다.

③ 환경에 몸을 맞추는 동식물들

생물의 적응

생물은 어떻게 환경에 적응할까?

조금씩, 천천히 맞춰 가

　무더운 사막이나 추운 극지방에서 사는 생물들도 있어. 이들은 오랜 시간에 걸쳐 환경에 알맞은 생김새로 변해 왔어. 이처럼 환경에 맞춰 살아남기에 좋은 조건을 갖춰 가는 것을 **적응**이라고 해.
　적응은 우연히 시작돼. 사막에 살게 된 여우 무리 중에 유독 귀가 크고 가는 털을 가진 여우가 있었어. 그 여우는 큰 귀가 있어서 몸 밖으로 열을 빨리 내보냈고, 가느다란 털 덕분에 적당한 체온을 유지할 수 있었지. 게다가 큰 귀로 모래 위를 지나가는 곤충이나 작은 동물의 발자국 소리까지 들을 수 있어서 먹

잇감도 더 잘 찾아낼 수 있었어.

 그렇게 세대가 흐르면서 무리의 대부분이 귀가 크고 털이 가는 여우들로 채워지게 돼. 이처럼 환경에 적응한 생물은 늘어나고, 그러지 못한 생물은 사라지는 것을 **자연 선택**이라고 불러.

 같은 여우라도 사막여우와 북극여우는 생김새가 많이 달라. 북극여우는 추위를 견뎌야 하기 때문에 귀가 짧고 솜털이 빽빽하게 나 있지.

 똑같은 여우라 해도 자연 환경이 달라지면, 주어진 환경에서 살아남기 좋은 몸을 가진 몇몇 여우들이 남들보다 번식을 잘 할 수 있어. 이렇게 서로 다른 모습을 지닌 사막여우와 북극여우로 변하게 된 거야.

더위에 완전 무장한 동물들

사막은 생물에게 최악의 장소야. 물과 그늘은 없고 낮에는 최고 50도 이상 올라가지만 밤에는 기온이 영하로 뚝 떨어지거든. 여기서 살아남으려면 더위를 피하고 몸에 물을 저장하는 능력이 필수야.

낙타는 이런 사막에 가장 잘 적응한 동물이야. 두꺼운 털은 햇빛을 반사하고 뜨거운 열을 막아 줘. 긴 다리도 더위를 막아 주는 장치야. 모래 바닥에서 열이 바로 전달되지 않아서 체온을 모래 바닥보다 10도나 낮게 유지할 수 있어. 물을 저장하고 아끼는 능력도 일등이야. 낙타는 평소에 먹는 음식에서 최대한 물을 빨아들여 몸에 저장해. 만일 물을 못 마시면 몸이 물을 아끼기 시작해. 코로 나가는 공기 속의 수분까지도 다시 흡수할 만큼 말이야. 그리고 등에 있는 혹에 저장한 지방을 분해해 물을 만들어 내지. 이렇게 하면 최대 15일 정도는 물을 마시지 않아도 살 수 있다고 해.

미어캣, 선인장도 사막에서 살아가는 데 유리한 조건을 가지고 있어. 오른쪽 그림을 봐.

추위를 이기는 동물들의 비결

극지방은 무지무지 추운 곳이야. 연평균 기온이 남극은 영하 55도, 북극은 영하 35~40도 정도라고 해. 사람이 사는 곳의 평균 기온이 약 15도인 것과 비교해 보면 얼마나 추운지 알 수 있을 거야.

극지방 동물들이 이런 추위를 이겨 낼 수 있는 비결은 온몸을 감싸고 있는 두꺼운 지방층에 있어. 지방층이 체온을 잘 유지시켜 주거든. 북극곰과 물범 등은 두꺼운 지방층과 털로 추위를 극복해.

촘촘하게 나 있는 깃털도 아주 중요한 무기야. 황제펭귄의 경우 아주 작은 깃털이 빼곡하게 있어서, 물이 물방울로 뭉쳐 또르르 흘러내리게 만들지. 만일 황제펭귄의 깃털이 젖은 채로 잘 마르지 않으면 수영 후 곧 얼어 죽을 거야. 꼬리 쪽에서는 특수한 기름이 분비되어 물에 젖는 걸 막아 주지.

또 황제펭귄들은 추위를 견디기 위해 서로 몸을 바짝 붙여 다녀. 바깥쪽에서 안쪽으로, 안쪽에서 바깥쪽으로 서로 계속해서 자리를 바꾸면서 말이야. 바깥쪽 펭귄이 안쪽 펭귄보다 춥기 때문에 계속 자리를 바꿔 주는 거야. 이것을 '허들링'이라고 해. 여럿이 추위를 극복하는 정말 기발하고도 지혜로운 방법이지?

북극곰도 추위에서 살아남기 위한 무기를 갖고 있어. 다음 그림을 보자.

털
물에 쉽게 젖지 않는 기다란 털과 촘촘하게 난 짧은 털이 함께 있어서 보온에 유리해.

피부
검은색이라 햇빛을 잘 흡수해.

지방층
체온을 유지해 줘.

너무 추우면 잠을 자자

　겨울잠을 자는 동물들 얘기는 들어 봤지? 동물들마다 겨울잠을 자는 사정은 조금씩 달라. 뱀이나 개구리는 주위의 환경에 따라 체온이 변하는 **변온 동물**이라서 날이 너무 추우면 살아가기가 힘들어. 그래서 땅속으로 들어가 겨울잠을 자지.

　겨울잠은 잠이라기보다는 일시적으로 죽은 것과 비슷해. 심장도 거의 뛰지 않고 숨도 많이 쉬지 않거든. 땅속 기온이 0도 이하로 내려가기도 해. 그러면 잠을 자던 동물들이 얼어 죽을 것 같지? 그런데 신기하게도 겨울잠을 자는 동물들은 세포가 얼어붙지 않게 만드는 물질을 만든대. 그래서 아무리 추운 겨울에도 얼어 죽지 않고 봄이 되면 다시 활동을 시작하는 거야.

　너구리나 오소리, 고슴도치는 변온 동물은 아니지만 역시 겨울잠을 자. 겨울이 되면 먹을 것이 부족해서 살기 어려워지니까 차라리 잠을 자는 거지. 이들은 겨울잠을 자기 전에 따뜻한 잠자리를 마련하고, 잔뜩 먹이를 먹어 살을 찌워서, 겨울잠을 자는 동안 쓸 지방을 미리 만들어.

곰은 개구리나 뱀처럼 깊은 겨울잠을 자지는 않아. 외부의 충격을 받으면 중간에 일어나 오줌도 누고 먹이도 먹지. 그래서 곰의 겨울잠을 '얕은 잠'이라고 불러.

에너지 소모를 줄이려면 최대한 안 움직여야 한다고! 그래서 얕은 겨울잠이라도 자는 거야.

식물들의 겨울나기

　나뭇잎이 모두 떨어진 한겨울 나무를 보면 좀 안쓰러운 기분이 들지 않니? 그런데 이건 나무가 겨울을 나는 방법이야.

　겨울철 나무는 잎이 별로 필요 없어. 빛이 부족해 광합성을 잘 못하는 데다가 안 그래도 부족한 물을 내보내는 통로만 될 뿐이거든. 차라리 잎이 없는 채 겨울을 나는 게 나은 거지.

　대신 나무는 '겨울눈'을 준비해. 새싹이 들어 있는 겨울눈은 추위에 단단히 대비하고 있어. 목련 겨울눈은 보

고마웠다!

푸른 잎들아!

낙엽이 되어 줘!

드라운 털이 잔뜩 달린 껍질을 가지고 있고, 동백나무 겨울눈은 여러 개의 단단한 껍질로 싸여 있지.

봉선화나 벼, 옥수수, 해바라기처럼 한 해만 사는 식물은 죽기 전에 땅에 씨를 떨어뜨려. 땅속에서 추운 겨울을 견딘 씨는 봄에 다시 새싹을 틔우지. 여러 해 동안 사는 달리아, 튤립은 겨울이 되면 뿌리만 살아남아. 이 뿌리에는 양분이 저장되는데 꼭 달걀 모양으로 커진단다. 그래서 알뿌리라고 불러.

민들레나 냉이는 또 다른 방법으로 겨울에 적응했어. 땅바닥에 납작하게 누워서 겨울을 보내는 거야. 그러면 바람은 덜 맞고 햇빛은 더 많이 받을 수 있기 때문이지.

빛에 적응하는 동물들

　빛도 동물들이 적응해야 할 환경이야. 어떤 동물들은 낮에 자고 주로 밤에 활동해. 밤에는 많은 동물들이 잠을 자니까 사냥하기도 쉽고, 포식자를 피하기도 쉽거든. 또 사막같이 더운 곳에서는 밤이 더 시원하기도 하지. 호랑이, 늑대, 박쥐, 올빼미, 고양이, 여우 등이 밤에 활동하는 **야행성 동물**이야.

　야행성 동물들은 눈이 빛에 적응되어 있어. 아예 시력이 약해지거나, 아니면 시력이 훨씬 좋아지는 방향으로 적응하는 거야. 시력이 약해지는 경우에는 대신 청각이나 후각이 크게 발달해. 그래서 밤에도 날쌔게 사냥하고 포식자를 피할 수 있어.

반대로 올빼미나 부엉이, 고양이 등은 시력이 엄청 좋아. 빛을 많이 받아들이기 위해 눈이 크게 발달했고 눈 뒤쪽에 빛을 반사하는 기능이 있어서 빛을 모아 다시 쏘아 내기도 해. 고양이나 부엉이의 눈이 밤에 빛나는 건 이 기능 덕이야.

에헴! 나, 부엉이는 빛이 없어도 날아오르고 잽싸게 사냥을 할 수 있지!

갑자기 지구 환경이 변할 때

생물들에게 가장 두려운 일은 갑자기 환경이 변하는 거야. 예상치 못한 시기에 추위나 더위가 찾아온다든가, 예전 같지 않게 비나 눈의 양이 많아지거나 적어지는 식으로 말이야. 그러면 많은 동물과 식물들은 적응하지 못하고 죽게 돼.

실제 환경의 변화로 생물의 70퍼센트 이상이 갑자기 죽은 일이 지구 역사에서 몇 번 있었어. 고생대를 대표하던 삼엽충과 중생대를 대표하던 공룡이 멸종한 게 그런 예지. 과학자들은 화산 폭발에 의한 지구 온난화와 소행성 충돌로 찾아온 빙하기 때문에 환경이 변했다고 추측하고 있어.

가뭄이나 홍수, 산불과 같은 자연 재해도 수많은 동물들의 목숨을 앗아 가. 2019년 9월에 오스트레일리아에서는 큰 산불이 발생해 좀처럼 꺼지지 않다가 다음 해 2월이 되어서야 진화되었어. 이 때문에 거의 5억 마리에 가까운 동물들이 목숨을 잃었고, 오스트레일리아를 대표하는 동물 코알라는 수천 마리나 희생되었다고 해. 산불은 서식지를 모두 없애 버리기 때문에 간신히 목숨을 건졌다 하더라도 동물들이 살아가기 어려워져.

다행스러운 건 자연 재해로 인한 피해는 시간이 지나면 어느 정도 복구가 된다는 거야. 지구 역사상 생물이 크게 멸종한 대멸종 사태가 5번 있었다고 해. 그런데도 여전히 생태계가 유지되는 것도 바로 그 때문이야.

더 알아보기

지구를 바꾼 대멸종

지구 역사에서 지금까지 5번의 대멸종이 있었어. 대멸종이란 많은 생물들이 한꺼번에 사라진 사건을 말해. 그 시기는 아래 그림과 같아.

5번의 대멸종 중 가장 많은 생물이 사라진 건 페름기 말 대멸종이야. 이때 약 70퍼센트의 육상 생물 종이 지구에서 사라졌다고 해. 도대체 무슨 일이 있었던 걸까?

여러 연구 결과에 의하면 페름기 말에 지금의 시베리아에서 엄청난 화산 폭발이 있었다고 해. 용암이 폭발해 흘러내렸는데 그 넓이가 한반도의 10배에 달했다고 하니 얼마나 큰 화산 폭발이었는지 짐작할 수 있지.

화산 폭발이 일어나면서 뿜어져 나온 온실가스가 공기를 가득 채웠고 그 결과 지구 온난화가 일어났어. 지구의 평균 기온이 약 6도나 높아진

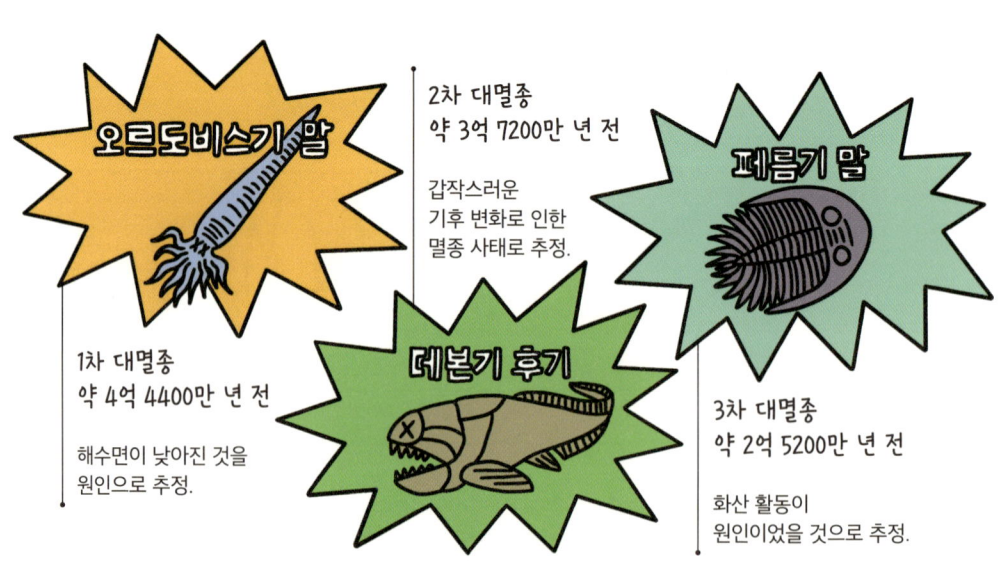

거야. 육상 생물들은 갑자기 더워진 기후에 적응하지 못해 대량으로 멸종했고, 바다에서는 물에 녹아 있는 산소의 양이 줄어들어서 많은 생물들이 목숨을 잃었어.

공룡이 멸종한 백악기 말 대멸종의 원인은 소행성 충돌로 추측하고 있어. 소행성이 충돌하면서 어머어마한 먼지가 발생했고, 이 먼지들이 하늘을 뒤덮었어. 햇빛이 차단되고, 강수량도 현저히 줄고, 지구의 기온이 뚝 떨어졌지. 그러자 광합성을 하지 못한 식물들이 가장 먼저 죽었고, 먹이 사슬을 따라 동물들이 차례차례 멸종하게 된 거야.

대멸종은 지구가 얼마나 기후에 민감한지 보여 주고 있어. 또한 우리가 지금 일어나고 있는 기후 변화에 왜 주목해야 하는지 알려 주는 경고이기도 해.

4차 대멸종
약 2억 년 전

대륙이 이동하여 환경이 크게 바뀐 것을 원인으로 추정.

백악기 말

트라이아스기 말

5차 대멸종
약 6600만 년 전

대체로 소행성 충돌이 원인으로 꼽힘.

⭐ 도전! 퀴즈 왕

1. 다음은 서로 다른 지역에 사는 여우입니다. 각각 어느 지역에 사는지 써 보세요.

① _____

② _____

2. 낙타가 더위에 적응한 결과로 틀린 것을 고르세요.

① 긴 다리를 가지고 있어요.

② 등에 지방으로 이루어진 혹이 있어요.

③ 햇빛을 반사하는 두꺼운 털을 가지고 있어요.

④ 속눈썹이 짧아요.

3. 다음과 같이 남극의 황제펭귄들이 모여 몸을 바짝 붙이고 서 있는 이유는 무엇인지 써 보세요.

ⓒDavid Stanley 출처: 위키피디아

4. 환경에 적응한 동물들에 대한 설명으로 맞는 것을 고르세요.

① 미어캣은 북극에서 살아남기 위해 주로 구덩이 안에서 생활해요.

② 선인장은 머금은 물을 더 잘 내뿜기 위해 뾰족한 가시가 생겼어요.

③ 북극곰은 추위에 견딜 수 있도록 두꺼운 지방층을 가지고 있어요.

④ 개구리는 추위에 잘 견디는 덕분에 겨울에 더 활발하게 움직여요.

> 질문 있어요!

 **멸종한 동물을 되살릴 수 있나요?**

「쥬라기 공원」이라는 영화가 있어. 멸종된 공룡을 되살리는 이야기야. 그런데 정말 멸종된 동물을 과학 기술로 되살릴 수 있을까? 몇 년 전부터 세계의 과학자들은 멸종된 태즈메이니아주머니늑대와 매머드를 복원하려는 연구를 하고 있어.

멸종 동물을 복원하기 위해서는 해당 동물의 DNA(디엔에이)가 필요해. 태즈메이니아주머니늑대는 완전한 DNA가 남아 있지 않아. 그래서 주머니에서 새끼를 키우며 유사한 DNA를 가진 '두나트'라는 동물의 DNA를 이용할 계획이야. 유전자 편집 기술로 태즈메이니아주머니늑대의 배아를 만들어서 주머니에서 새끼를 키우는, 비슷한 다른 동물의 자궁에 이식할 예정이지. 매머드 복원 연구도 이와 비슷해. 매머드의 DNA와 가장 유사한 코끼리의 유전자와 조합해서 매머드를 되살리려는 방법을 연구하고 있어.

아직 성공 소식이 들리지 않았지만 과학 기술이 더 발전하면 멸종 동물 복원 뉴스를 접하게 될지도 몰라. 그런데 멸종한 동물을 되살리는 일은 어떤 가치가 있을까? 그리고 현재의 환경에 어떤 영향을 미칠까? 한번쯤 생각해 볼 만한 문제야.

④

생태계가 위험해

환경 오염이 미친 영향

사람이 자연에 남긴 흔적

제6차 멸종이 온다고?

어떤 동물이 멸종하는 건 특별한 사건은 아니야. 생태계는 계속 변하고 그에 따라 많은 동물들이 진화하거나 멸종하거든. 그런데 지금 우리 지구에서 일어나고 있는 일은 심상치 않아. 너무 많은 종들이 빠르게 멸종 위기를 맞고 있기 때문이야.

학자들은 곧 제6차 멸종이 올 거라고 경고해. 현재 멸종 속도가 사람이 지구에 나타나기 전보다 무려 1000배는 빠르다면서 말이야. 사람이 지구상에 나타나기 전에는 포유류 한 종이 멸종하는 데 평균 50만 년이 걸렸어. 하지만 사람이 살고 난 이후로는 한 달에 1종 꼴로 멸종한다는 연구 결과도 있어.

문제는 멸종 원인의 대부분이 사람에게 있다는 거야. 무분별한 사냥, 서식지 파괴, 환경 오염, 지구 온난화 등 우리가 좀 더 편리하게 살기 위해 하는 모든 일들이 우리와 함께 살아야 할 동식물의 수를 빠르게 감소시키고 있어.

생물의 멸종은 결국 사람에게도 영향을 줄 거야. 꿀벌이 사라지면 식물이 멸종하고 4년 내로 인류도 멸망하게 될 거라는 말이 있어. 그만큼 꿀벌은 동식물을 비롯한 자연에 큰 영향을 미치고 있지.

실제로 최근에는 꿀벌의 수가 많이 줄어들었어. 지금 우리는 생태계에 무슨 일이 일어나고 있는지 정확하고 빠르게 점검해야만 해.

집을 잃어 가는 동물들

사람들은 편리하게 이동하려고 높은 산에 케이블카를 설치하기도 하고 산에 터널을 만들기도 해. 이런 행동이 동물들에게는 모두 심각한 피해를 끼치지. 이렇게 사람의 이익을 위해 동물의 서식지를 파괴하는 일이 전 세계에서 일어나고 있어. 그중 가장 걱정스러운 곳은 아마존 열대 우림이야.

아마존 열대 우림에는 재규어, 아나콘다, 개미핥기, 오리너구리 같은 희귀 동물은 물론이고, 아직 우리가 이름조차 모르는 수많은 생물들이 살고 있어. 이런 소중한 아마존이 무서운 속도로 파괴되고 있어. 소를 기르기 위해, 또는 농사를 짓기 위해 나

무를 베어 내고 불을 지르기 때문이야.

2022년 1월부터 6월 사이에만 서울시 면적의 6배가 훌쩍 넘는 아마존 열대 우림이 파괴되었어. 비단 아마존만의 문제는 아니야. 많은 열대 우림이 같은 이유로 사라지고 있거든.

이대로 몇 년이 더 지난다면 과연 열대 우림이 남아 있기는 할까?

뜨거워지는 지구, 생태계 파괴의 핵심

사냥이나 서식지 파괴보다 생태계를 더 위협하는 문제가 있어. 바로 지구 온난화야.

지구 온난화는 사람들이 내보낸 온실가스로 지구 평균 기온이 과거보다 높아진 현상이야. 지구 환경은 온도 변화에 매우 민감해서 단 0.5도만 높아져도 많은 변화가 일어나.

지난 100년 동안 지구의 평균 기온은 약 0.74도 상승했어. 채 1도도 높아지지 않았으니 별거 아닌 것 같지? 그런데 이것만으로도 벌써 많은 빙하들이 녹아내려 북극 생태계가 위험에 처했고, 해수면도 더 높아졌어. 공기가 더워져 곳곳에서 이상 기후가 나타나고, 변화무쌍한 날씨에 식량을 생산하는 일도 어려워지고 있어. 바닷물이 따뜻해져 해양 생태계도 변하고 있지.

이렇듯 지구 온난화는 전 세계의 생태계를 빠르게 망가뜨리고 있어.

빙하는 녹고, 해수면은 높아지고

지구가 더워지면서 맨 먼저 피해를 본 지역은 북극과 남극, 즉 극지방이야. 빙하가 녹기 시작했거든. 북극과 남극에 사는 동물들의 서식지인 빙하가 녹는다는 건 사냥할 곳도, 쉴 곳도 점점 사라진다는 의미야.

최근 목격된 북극곰들은 뼈만 앙상해. 빙하가 사라지면서 사냥할 곳이 없어 먹이를 찾기 힘들기 때문이지. 필사적으로 먹이를 찾다가 사람이 사는 지역까지 내려오기도 하고. 물에 빠져 죽는 북극곰도 많다고 해. 북극곰들은 수영을 하다가 물에 떠다니는 얼음 조각인 해빙에서 쉬곤 하는데, 해빙이 없으니 쉴 곳을 찾지 못해 지쳐서 익사하고 마는 거지.

빙하가 많이 녹을수록 바닷물의 높이, 즉 해수면도 높아져. 해수면이 올라가면 어떤 문제가 생길까? 우선 살 수 있는 땅이 좁아져. 섬이나 해안가에 사는 사람들은 밀려드는 바닷물에 집이 잠길 수도 있어. 또 밀려드는 바닷물은 땅도, 마실 수 있는 물도 다 짜게 만들어서 생태계를 망가뜨려.

해수면 상승은 많은 사람들의 삶을 위협하는 심각한 문제가 되고 있어.

점점 늘어나고 있는 사막

지구 온난화는 사막화 현상도 일으키고 있어. **사막화**란 사막이 아니었던 땅이 점차 사막처럼 변해 가는 현상이야.

사막화는 주로 사람들이 가축을 키우며 살아가던 초원에서 일어나. 초원이 사막으로 변하면 사람들은 새로운 곳으로 떠나지. 하지만 그럴 수 없는 야생 동물들은 굶어 죽거나 떠돌다가 죽게 돼. 사막화로 수많은 동식물이 이미 멸종했어.

만화 영화 「라이온 킹」의 주인공 심바 기억하니? 심바의 실제 모델은 북아프리카 지역에서 살던 바바리사자인데, 이 사자도 사막화 때문에 멸종했다고 해.

이렇게 무서운 사막화를 막기 위해 많은 나라들이 함께 나무 심기 운동을 하고 있어. 나무가 많으면 뿌리가 토양과 물을 잡아 줘서 사막화를 막을 수 있거든.

몽골과 중국의 사막화로 인해 우리나라도 황사 피해를 입고 있어. 이에 우리나라의 여러 환경 단체와 기업이 몽골과 중국의 사막에 열심히 나무를 심고 있어.

생태계를 병들게 하는 쓰레기

코에 빨대가 박힌 바다거북, 발에 마스크 줄이 묶인 물새, 폐그물에 몸통이 감긴 바다사자……. 이런 모습을 사진으로 본 적이 한 번쯤은 있을 거야. 사람들이 손쉽게 쓰고 버리는 플라스틱 쓰레기는 이렇게 여러 동물들을 아프게 하고 있어.

플라스틱 쓰레기뿐만 아니라 모든 쓰레기가 골칫덩어리야. 쓰는 건 쉬워도 처리하기는 정말 어렵거든. 뭐든 함부로 버리면 부패하면서 악취가 나고, 땅에 묻으면 썩으면서 토양을 오염시키지. 그렇다고 마구잡이로 태우면 환경 호르몬이 나와 공기를 오염시켜. 어떻게 해도 환경을 오염시키는데, 이런 쓰레기가 너무 많이 나오고 있어서 심각한 문제야.

현재는 쓰레기를 오염 방지 시설을 갖춘 곳에 묻거나 태우고, 일부는 재활용하고 있어. 하지만 이 방식으로 모두 해결할 수는 없어. 쓰레기를 잘 처리하는 것만으로는 부족하다는 거야. 그렇다면 남은 방법은 쓰레기를 줄이는 것뿐이겠지? 어떻게 하면 조금이라도 쓰레기를 덜 만들지 머리를 모아야 할 시점이야.

더 알아보기

온실 효과와 온실가스

지구는 공기로 둘러싸여 있어. 이 공기를 다른 말로 '대기'라고 하지. 지구 표면에는 대기층이 있는데, 이 대기층은 지구에서 우주로 나가는 열의 일부를 흡수했다가 땅으로 돌려보내. 그래서 지구를 따뜻하게 만들어 주지. 이를 **온실 효과**라고 해.

온실 효과는 대기가 생긴 이후부터 쭉 있어 왔어. 덕분에 지구는 생물이 살기 좋은 따뜻한 곳이 되었지. 적당한 양의 온실가스가 일으키는 온실 효과는 지구상의 생명체에게는 꼭 필요한 거야.

그런데 산업 혁명 이후 공장이 생기고 자동차가 다니기 시작하면서부터 지구의 대기가 조금씩 달라졌어. 이산화 탄소의 양이 늘어나고 메테인, 아산화 질소 등이 발생했지. 이 기체들은 지구에서 나가는 열을 다시 흡수해서 온실 효과를 강화시켜.

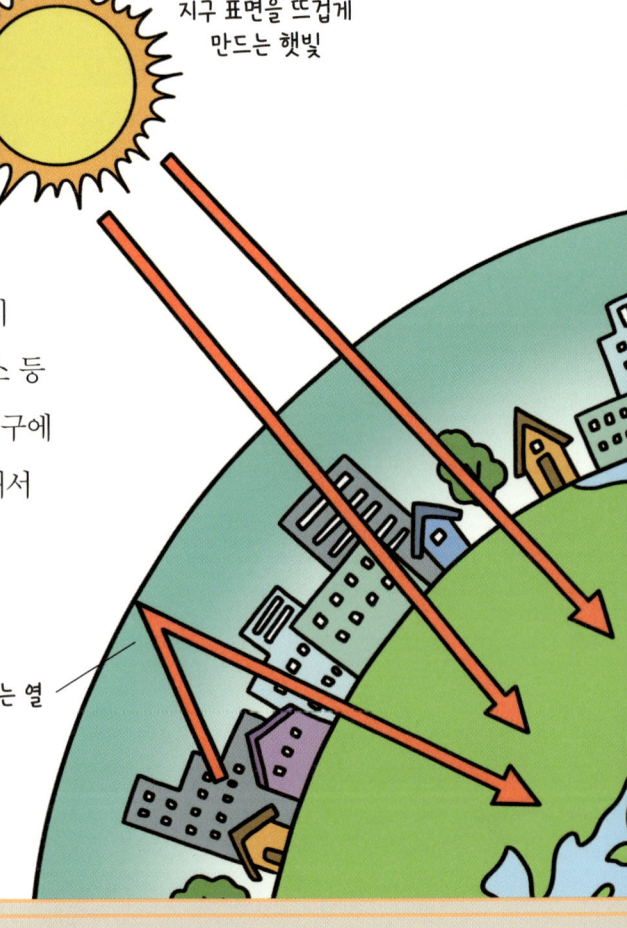

지구 표면을 뜨겁게 만드는 햇빛

온실가스가 가두는 열

이렇게 지구의 대기를 오염시켜 온실 효과를 불러일으키는 기체들을 온실가스라고 해. 배출된 온실가스가 쌓이면서 지구 온난화가 심각해졌지.

지구 온난화를 줄이기 위해서는 이산화 탄소 배출량을 줄여야 한다고들 해. 그런데 실제로 지구 온난화에 이산화 탄소가 미치는 영향은 생각보다 크지 않아. 모두 같은 양이라고 가정했을 때 메테인은 이산화 탄소의 약 80배, 아산화 질소는 약 300배 정도 지구 온난화에 더 악영향을 미치지. 그런데도 이산화 탄소를 주범으로 꼽는 건 온실가스의 약 80퍼센트를 차지할 만큼 그 양이 많기 때문이야. 그래서 이산화 탄소 배출을 줄이는 게 지구 온난화 속도를 늦추는 데 큰 도움이 될 수 있어.

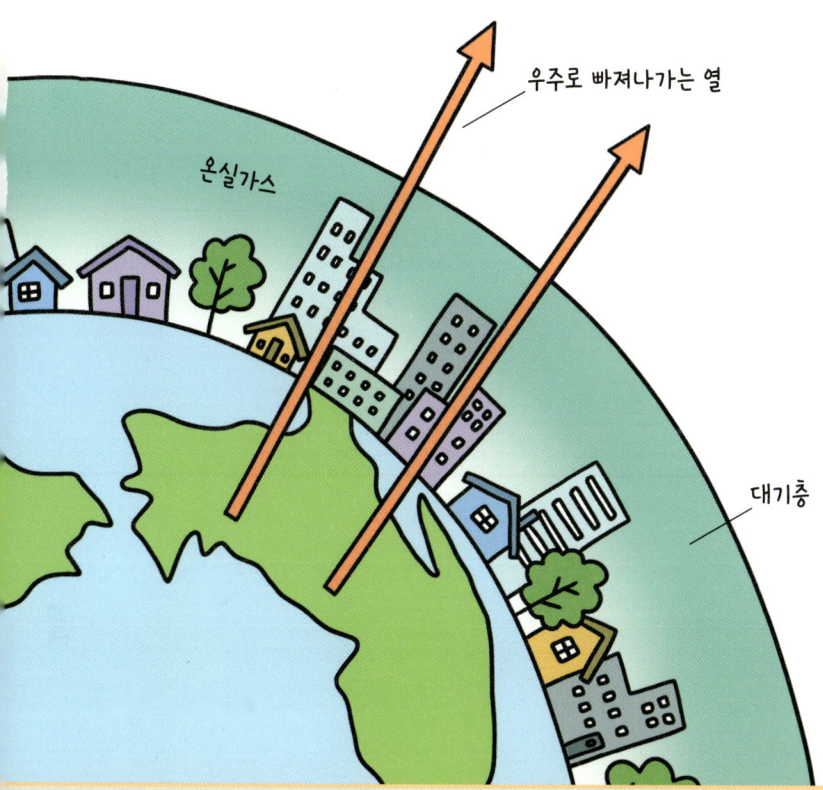

⭐ 도전! 퀴즈 왕

1. 최근 동물들이 멸종하는 이유로 틀린 것을 고르세요.

   ① 서식지 파괴

   ② 지구 온난화

   ③ 환경 오염

   ④ 잦은 운석 충돌

2. 아마존 열대 우림에 대한 설명을 잘 읽고 맞으면 O, 틀리면 X 표시 하세요.

   • 희귀 동물 등 수많은 생물들이 살고 있어요. (   )

   • 무분별한 개발로 피해를 입고 있어요. (   )

   • 잘 보전되고 있는 생태계 중 하나예요. (   )

   • 원래부터 생물이 살기 좋은 환경이 아니었어요. (   )

3. 아래 상자의 글을 읽고 어떤 동물에 대한 설명인지 쓰세요.

- 북극에서 살아요.
- 수영을 하다 해빙에서 쉬기도 해요.
- 빙하에서 주로 사냥하고 쉬어요.
- 최근에 마른 모습으로 목격되었어요.
- 물에 쉽게 젖지 않는 털과 두꺼운 지방층을 지니고 있어요.

4. 다음은 지금 지구에서 일어나고 일이에요. 원인이 무엇인지 쓰세요.

- 빙하가 녹아내려요.
- 해수면이 높아져서 섬이 잠겨요.
- 초원이 사막으로 변해요.
- 지구의 평균 기온이 올라가요.

>> 질문 있어요! <<

 **코로나 바이러스도 지구 온난화 때문인가요?**

전 세계를 감염병의 공포에 빠뜨린 코로나19 바이러스. 이것이 지구 온난화 때문에 발생했다는 이야기가 있어. 결론부터 말하면 지구가 더워져서 코로나19가 유행한 건 아니야. 그렇다고 아무 관계가 없지도 않아.

코로나19는 박쥐가 가지고 있던 바이러스가 사람에게 옮겨 온 것으로 추정돼. 박쥐는 기후가 온화한 숲 등에서 살아. 그런데 기후가 변화하면서 따뜻한 지역이 더 많아졌고, 자연히 박쥐의 서식지도 확대되었지. 게다가 사람들이 박쥐의 서식지를 침범해서 박쥐와 사람들이 접촉할 기회가 훨씬 많아졌어. 그러다 보니 박쥐가 가지고 있던 바이러스를 사람에게 옮긴 것이라고 추측하고 있어.

환경을 파괴하면 할수록 야생 동물들의 바이러스가 인간에게 옮겨질 가능성이 높아져. 과학자들은 앞으로도 계속 새로운 감염병이 발생할 것이라고 예측하면서, 이런 병들이 세계적으로 전염되어 나갈 것을 염려하고 있어.

⑤
이제는 환경을 살릴 시간

생태계 복원

환경을 위해 할 수 있는 일

우리의 삶터를 되살리기

더 이상 생태계가 파괴되어서는 안 된다는 사실을 모르는 친구는 이제 없을 거야. 그래서 세계 곳곳에서는 생태계를 지키기 위해 여러 가지 노력을 기울이고 있어.

국가들의 노력은 이미 오래전부터 시작되었어. 바로 1972년 스웨덴에서 열린 최초의 환경 회의인 '국제 연합 인간 환경 회의'부터야. 이를 통해 사람이 만든 환경 문제에 지구인들이 전부 나서야 한다고 인식하게 되었어. 114개국이 참여하여 환경 문제를 해결하기 위해 어떻게 협력해야 할지 의논하고, 개최일인 6월 5일을 '세계 환경의 날'로 정하기도 했어. 이후에도 교토 의정서, 파리 협정 등 환경을 지키려는 국제적인 노력이 이어지고 있어.

환경을 위한 국가 간 회의나 약속은 매우 중요하지만 우리가 직접 참여하기는 어렵지. 우리와 조금 더 가까운 곳에서는 환경 단체들이 열심히 활동 중이야. 생태계가 잘 지켜지고 있는지 감시하기도 하고, 이를 위해 캠페인을 진행하기도 해. 지구가 처한 환경 문제를 많은 사람에게 알리기 위해서지.

'그린피스'라고 들어 본 적 있니? 세계적인 환경 단체 중 하나로, 고래 사냥을 막기도 하고, 위험한 오염 물질을 배출하지 않도록 기업을 압박하는 등 굵직한 일들을 하고 있어.

우리나라에는 '환경 운동 연합'이나 '녹색 연합' 같은 환경 단체가 있어. 우리는 이러한 환경 단체가 하는 일에 관심을 갖고 직접 참여하거나 후원하는 방식으로 환경 운동에 참여할 수 있지.

이산화 탄소를 줄이기 위한 노력

　최근 가장 심각한 환경 문제 중 하나로 꼽히는 것은 지구 온난화라고 앞에서도 이야기했지. 얼마 전부터 홍수와 가뭄, 폭염 같은 이상 기후가 빈번해지고 예측하기도 어려워졌어. 우리나라 역시 예전보다 열대야도 길어지고 한강에 얼음이 어는 일도 드물어. 또 사과꽃이 피는 시기가 빨라지는 등 기후 변화의 조짐을 보이고 있어.

지구 온난화를 멈추려면 무엇이 가장 시급할까? 직접적인 원인인 이산화 탄소 배출량을 줄이는 게 시작일 거야.

세계 여러 나라는 2050년 탄소 중립을 선언했어. **탄소 중립**이란 만들어지는 이산화 탄소의 양은 최대한 줄이고, 이미 배출한 이산화 탄소는 흡수해서 탄소 배출량을 0으로 만드는 거야. 탄소 중립을 실현하기 위해서는 숲을 가꿔야 해. 나무는 공기 중의 이산화 탄소를 흡수하는 동시에 산소를 만들어 내거든. 탄소를 많이 배출하는 석탄이나 석유 대신 대체 에너지를 사용할 수 있도록 시설이나 개발에 투자하는 방법도 있어.

우리나라도 세계적인 움직임에 따라 탄소 중립을 선언했어. 그리고 이것을 실천하기 위해 예산을 짜고 관련 부서를 만드는 등 최선을 다해 노력하고 있지.

지구에 남는 발자국을 줄이자

사실 탄소 중립을 이루려면 기업이 가장 많이 노력해야 해. 2020년 기준, 11개 기업에서 나온 이산화 탄소가 우리나라 전체 이산화 탄소 배출량의 약 64퍼센트를 차지했어. 개인이 노력하는 것보다는 기업이 포장재를 줄인다든지 친환경적인 생산 시설을 마련하는 편이 훨씬 효과가 좋아.

그렇다고 우리가 할 수 있는 일이 아예 없는 건 아니야. 우리는 지구에 탄소 발자국을 가능한 한 남기지 않는 것으로 지구 온난화를 막을 수 있어!

탄소 발자국이란 사람이 일상생활에서 만들어 내는 이산화 탄소 양을 말해. 탄소 발자국을 줄일 수 있는 방법들은 아주 많은데, 몇 가지 대표적인 것을 소개할게.

첫째, 전기 사용을 줄이는 거야. '그린 터치'라는 무료 프로그램이 있는데, 이걸 컴퓨터에 깔면 컴퓨터를 잠시 사용하지 않을 때 전기 사용량을 줄일 수 있어. 스마트폰을 덜 쓰는 것도 좋은 방법이야. 스마트폰을 쓸 때마다 기기와 연결된 데이

터 센터에서 전력을 사용하거든.

요즘 채식 레스토랑도 늘고 있는데, 채식 역시 지구 온난화를 막을 수 있는 좋은 방법이야. 소, 양 같은 가축이 방귀를 뀌거나 배설을 하면 메테인이라는 온실가스가 나와. 또 가축을 키우기 위해 숲에 불을 놓아 목축지를 만드는데, 이때 숲이 파괴되어 이산화 탄소의 흡수를 막는 거야. 많은 이들이 채식을 하면 가축을 키우는 일도 줄어들겠지?

채식은 생각보다 효과가 커. 4인 가족이 일주일에 하루만 채식을 해도 5주간 자동차를 타지 않은 것과 같은 효과가 있대.

출처: 우리문화신문(2021.05.06.) 참고

그 많은 플라스틱이 가는 곳

어떤 사람들은 지금을 플라스틱 시대라고 불러. 그만큼 우리가 플라스틱을 많이 사용하고 있기 때문이야. 잠시 주위를 둘러봐. 애써 찾지 않아도 많은 플라스틱이 눈에 띌 거야. 방금 시켜 먹은 떡볶이 용기, 볼펜, 페트병, 의자, 교통 카드……. 이렇게 많았나 싶을 정도로 우리는 플라스틱에 둘러싸여 살고 있어.

그렇다면 우리가 쓰고 버린 플라스틱은 어떻게 될까? 마법처럼 사라졌으면 좋겠지만, 플라스틱은 쉽게 없어지지 않고 환경을 오염시켜. 땅에 묻으면 완전히 분해되는 데 최소한 500년이 걸리고, 태운다 해도 이산화 탄소가 너무 많이 발생해 지구 온난화를 가속시키지. 우리나라의 경우 실제로 재활용되는 비율은 약 40퍼센트밖에 되지 않아.

코로나19가 발생한 이후에 음식을 배달해 먹는 일이 많아졌고, 마스크에 쓰는 플라스틱 양도 엄청나게 늘었지. 그래서 플라스틱 쓰레기 배출량이 더 늘었어.

1997년 미국의 찰스 무어라는 사람이 북태평양 바다 위에서 거대한 플라스틱 쓰레기 더미를 발견했어. 해류를 따라 바다에 모인 쓰레기들이 섬을 이룬 거였지. 일명 '태평양 쓰레기 섬'이라고 불리는 이곳은 우리나라 국토의 16배나 될 정도로 넓어서 치우기도 어려워.

또 햇빛과 바닷물 등에 의해 잘게 쪼개진 플라스틱은 미세 플라스틱이 되어 물고기의 먹이가 되고, 그 물고기를 먹으면 인간의 몸으로까지 들어올 확률이 높지. 플라스틱으로 이루어진 섬은 북태평양 외에도 세계의 바다 곳곳에서 발견되고 있어.

플라스틱은 지구에서 사라져야 할까?

환경을 망치는 주범인 플라스틱! 차라리 지구에서 추방하는 게 낫겠다 싶겠지만 꼭 그렇지만도 않아.

플라스틱은 사람이 만든 가장 창의적인 물질 중 하나라고 평가하기도 해. 장점이 정말 많거든. 가벼운데 단단해서 잘 망가지지 않고 열과 압력을 가하면 어떤 모양으로도 만들 수 있어. 가격이 싼 것도 장점인데 틀만 있으면 같은 모양으로 수만 개도 제작할 수 있기 때문이야. 덕분에 플라스틱이 발명된 후 나무나 금속, 종이로 만들던 물건 중 많은 것들이 플라스틱으로 대체되었어.

여전히 플라스틱은 우리에게 유용한 물질이야. 전자 제품의 무게를 줄여 주기도 하고, 어린아이나 환자들에게는 가벼운 플라스틱으로 그릇이나 수저를 만들어 줄 수 있어. 병원에서 사용하는 주사기나 링거 관 같은 것은 감염 예방을 위해서 반드시 일회용으로 만들어야 하는데 이런 물건에는 플라스틱이 여러모로 제격이야.

하지만 플라스틱은 잘 분해되지 않는다는 치명적인 단점이 있어. 우리는 플라스틱의 단점을 무시한 채 오랜 세월 사용해 왔고, 싸고 편리하다는 이유만으로 쉽게 쓰고 버렸어. 그 결과 지구 곳곳에 플라스틱 쓰레기 섬까지 생겨난 지경이 된 거야.

너무 많은 것들을 플라스틱으로 만들고 있는 건 아닌지, 플라스틱 대신 빨리 분해되거나 다시 쓸 수 있는 재료로 만들 수는 없는지 고민하는 시간이 필요하지 않을까?

과학은 플라스틱 쓰레기를 해결할 수 있을까?

과학자들은 플라스틱 쓰레기 문제를 효율적으로 해결하는 방법을 고민하고 있어. 500년보다 훨씬 짧은 시간에 분해되는 플라스틱을 개발하거나, 플라스틱을 분해하는 새로운 방법을 찾는 거지.

쉽게 분해되는 친환경 플라스틱을 개발하는 것은 이미 꽤 진행이 되었어. 플라스틱은 석유에서 추출한 물질로 만드는데, 친환경 플라스틱은 옥수수나 사탕수수, 콩 속의 물질로 만들어. 이 중 일부는 일정한 조건이 갖춰지면 미생물에 의해 완전히 분해돼. 설령 태우더라도 이산화 탄소를 아주 적게 배출하지. 하지만 아직 기존 플라스틱보다 약하고 가격이 비싸서 널리 쓰이지는 못하고 있어.

플라스틱 쓰레기를 분해하는 다양한 미생물을 찾기 위한 노력도 계속되고 있어. 이미 플라스틱을 먹는 애벌레도 발견했지. 이렇게 플라스틱에 대적할 생물이 많이 발견되면 플라스틱을 묻거나 태우지 않고도 처리할 수 있게 될 거야.

　네덜란드의 '오션 클린업'이라는 비영리 단체도 환경 문제를 과학적으로 해결하려 하고 있어. 이 단체는 태평양 바다를 떠다니는 쓰레기를 수거하는 일을 해. 알파벳 유(U) 모양의 커다란 그물을 태평양에 띄우면, 해류를 따라 흘러가던 쓰레기들이 이 그물 앞에 섬처럼 쌓이게 되는데 이걸 수거하는 거야.

　오션 클린업은 점점 규모를 늘려 앞으로도 계속 태평양 쓰레기를 수거하겠다고 발표했어. 하지만 플라스틱 쓰레기 문제는 먼저 쓰레기를 줄여야 해결될 거야.

'나'로 시작하는 환경 운동

사람들은 환경 운동이라고 하면 환경 단체에 가입해서 적극적으로 발 벗고 나서는 걸 떠올려. 하지만 환경 운동에 그런 방법만 있는 건 아니야. 누구나 할 수 있는 다양한 방법들도 많아.

환경을 오염시킬 수 있는 비닐이나 플라스틱 포장재를 최대한 줄이라고 식품 회사의 게시판에 글을 남길 수도 있고, 드라마에서 아무렇게나 플라스틱을 쓰고 버리는 장면을 보았다면 시청자 게시판에 항의하는 글을 남길 수도 있어. 우리 지역 국회 의원에게 환경 문제에 대한 대책을 마련하라고 요구하는 것 역시 환경 운동에 동참하는 방법 중 하나야.

예술 활동을 통해서 환경 운동에 참여할 수도 있어. 버려진 페트병 뚜껑으로 만든 작품이나 깨진 유리병 조각으로 만든 액세서리로 전시회를 직접 여는 것도, 이를 관람하는 것도, 환경 영화제에 참여하는 것도 좋은 방법이야. 이런 예술 활동은 사람들이 환경 문제에 더 관심을 갖도록 도와주거든.

돈보다는 지구를 생각하는 친환경 소비자가 되는 것도 좋아.

일회용 비닐봉지 대신에 에코 백을, 페트병에 담긴 생수를 사 먹는 대신 텀블러에 물을 싸 가지고 다니는 것도 좋은 방법이야. 에코 백이나 텀블러를 한번 사면 오래오래 써야 하고.

플라스틱 쓰레기를 줄이기 위해서는 분리배출도 철저히 해야 해. 귀찮다고 아무렇게나 섞어 버리거나 음식물이 묻은 플라스틱을 그냥 내놓으면 그건 쓰레기밖에 되지 않아. 말끔하게 씻고 라벨을 뗀 다음 배출한 플라스틱은 훌륭한 자원이 된다는 걸 잊지 말자고.

한 사람 한 사람의 관심을 모으자

　나 혼자 탄소 발자국을 줄이고 플라스틱을 사용하지 않는다고 지구가 금세 깨끗해지지는 않겠지. 하지만 나의 행동은 다른 사람들의 행동을 바꾸는 계기가 되기도 해.

　사람들에게 환경 문제를 처음으로 일깨운 것은 레이첼 카슨의 책 한 권이었어. 해양 생물학자였던 레이첼 카슨은 살충제 때문에 모든 생물, 심지어 사람마저 병든다는 것을 알게 되었어. 그리고 이 내용을 1962년에 『침묵의 봄』이라는 책으로 펴냈어. 이 책을 계기로 사람들은 환경 문제의 위험성을 깨달았고, 환경 단체를 만들고 지구의 날을 정하는 데까지 이어졌어.

　스웨덴의 환경 운동가 그레타 툰베리도 개인의 힘을 보여 주

였지. 그레타 툰베리는 열다섯 살 때 매주 금요일마다 학교에 가는 대신 기후 문제를 알리는 1인 시위에 나섰어. 환경은 계속 망가지는데 어른들은 아무 대책도 세우지 않는다며 분노했지. 그레타 툰베리의 1인 시위는 '미래를 위한 금요일'이라고 불리며 전 세계로 번져 나갔어. 레이첼 카슨, 그레타 툰베리가 그랬듯이 나의 작은 행동도 점점 커져 정치인, 기업, 과학자가 행동하게 만들 수 있어. 그래서 그 어느 때보다 환경을 지키려는 한 사람 한 사람의 관심과 행동이 중요한 거야.

텀블러를 쓰고, 분리배출을 잘 하고, 탄소 발자국을 줄이는 것으로 시작해, 환경 문제에 늘 관심을 갖고 목소리를 내 보자. 작은 행동들이 지구를 다시 푸르게 만들어 줄 테니까.

더 알아보기

미세 플라스틱이 대체 뭐야?

미세 플라스틱이란 크기가 5밀리미터 이하인 플라스틱 알갱이를 말해. 원래부터 작게 만들어진 것도 있지만, 커다란 플라스틱이 잘게 부서져서 만들어지기도 하지.

미세 플라스틱은 너무 작아서 하수 처리장에서 걸러지지 않고 그대로 강이나 호수, 바다로 흘러 들어가 물속 생태계에 피해를 줘. 물고기나 조개들이 플랑크톤으로 착각해 잡아먹거든.

생물들의 몸에 들어간 미세 플라스틱은 배설되지 않고 쌓이는데, 이러면 생물들이 병들게 돼. 번식력이 떨어져 알을 잘 낳지 못하고, 잘 자라지도 못해. 플라스틱의 독성 때문에 죽는 경우도 많고.

미세 플라스틱이 해양 생물에게만 영향을 주는 건 아니야. 먹이 사슬에 대해 앞에서 배웠지? 결국 먹이 사슬을 따라 사람에게까지 올 수 있어. 물고기나 조개를 먹게 되면 그 속에 든 미세 플라스틱을 함께 섭취하는 식으로 말이야.
　미세 플라스틱은 해양 생물 외에 바닷물을 증발시켜 만드는 소금이나 생수 등에서도 발견되고 있어.
　2015년부터 세계 여러 나라는 치약이나 화장품을 만드는 데 쓰이는 '마이크로비즈'라고 하는 미세 플라스틱 사용을 금지하고 있어. 우리나라 역시 규제하고 있지. 그러나 아직도 많은 양의 미세 플라스틱이 바다를 떠다니고 있어. 플라스틱 사용에 대해 깊이 생각해 봐야 하겠지?

⭐ 도전! 퀴즈 왕

1. 아래 상자에 쓰인 글을 읽고 무엇을 설명하는지 쓰세요.

> 만들어지는 이산화 탄소의 양은 최대한 줄이고, 이미 배출한 이산화 탄소는 흡수해서 실제 배출되는 이산화 탄소의 양을 0으로 만들자는 움직임을 말해요.

----

2. 탄소 발자국을 줄이기 위한 방법을 2가지만 적어 보세요.

----

3. 가축의 고기를 많이 먹으면 환경이 파괴되는 이유로 틀린 것을 2개 고르세요.

① 가축의 가격이 점점 비싸져서예요.

② 가축을 키우기 위해 숲을 파괴하기 때문이에요.

③ 가축 자체가 환경에 도움이 되지 않기 때문이에요.

④ 가축이 방귀를 뀌거나 배설을 하면 메테인이 나와서예요.

4. 친환경 플라스틱에 대해 잘못 설명한 것은 무엇일까요?

① 분해되는 데 최소한 500년이 걸려요.

② 옥수수, 사탕수수 등으로 만들어요.

③ 미생물에 의해서 완전히 분해되기도 해요.

④ 가격이 비싼 게 단점이에요.

정답 1.티끌 모아 2. 114~115쪽 참고 3. ①, ③ 4. ①

질문 있어요!

스티로폼도 다시 쓸 수 있나요?

많은 사람들이 스티로폼은 재활용이 되지 않는다고 생각하는 것 같더라. 하지만 이건 오해야. 스티로폼은 재활용이 될 뿐더러 돈을 벌어 주는 물건이기도 해.

스티로폼을 분리배출하면 선별장에서 스티로폼을 녹여. 스티로폼 안에 들어가 있는 공기를 빼내는 거야. 그러면 아주 굵은 가래떡 모양으로 굳어져서 나오는데 이것을 '잉곳'이라고 불러. 잉곳이 만들어지면 재활용 업체로 옮겨. 이걸 국수처럼 뽑아낸 후 식혀서 다시 잘라 쌀알 모양의 작은 알갱이로 만들어. 이것은 '펠릿'이라고 해.

펠릿은 플라스틱 재생 원료야. 이를 다시 플라스틱 제품을 만드는 업체로 운송하면 최종적으로 플라스틱 재활용 제품이 만들어져. 플라스틱 재활용 제품으로는 사진 액자나 욕실 발판, 실내 건축용 자재 등이 있어. 우리나라 스티로폼 재활용 제품 생산 기술력은 세계 최고 수준으로 세계 여러 나라에 수출할 정도야.

출처: 서울환경연합 유튜브 참고

글쓴이 **박지은**

이화 여자 대학교에서 과학 교육을 공부했다. 어린이 과학 잡지 《과학쟁이》에서 기자로 활동했고 편집장을 지냈다. 지금은 '아는 만큼 과학이 보인다'라는 믿음으로 어린이 과학책을 기획하고 쓰는 일을 하고 있다. 지은 책으로는 『과학왕 실종 사건』, 『이게 다 이동이라고?』, 『지진의 정체를 밝혀라!』 등이 있다.

그린이 **방상호**

홍익 대학교에서 시각 디자인을 전공했다. 오랫동안 책을 기획하고 그림을 그리고 디자인을 했다. 상상하고, 그리고, 만들고, 디자인하고, 책 읽고, 글 쓰고, 운동하면서 어제와는 또 다른 하루를 만들어 가고자 애쓰고 있다. 『탄소 중립이 뭐예요?』, 『나다움 쫌 아는 10대』, 『환경과 생태 쫌 아는 10대』, 『사라진 민주주의를 찾아라』, 『싸우는 인문학』, 「단박에 한국사」 시리즈 등 여러 책에 그림을 그렸다. 단행본 외에도 다양한 매체에 그림을 그리고 있다.

7 생태계와 환경

과학은 쉽다!

1판 1쇄 펴냄 2022년 9월 30일
1판 3쇄 펴냄 2024년 4월 8일
글 박지은 그림 방상호
펴낸이 박상희 **편집장** 전지선 **편집** 송재형 **디자인** 정상철, 이슬기
펴낸곳 ㈜비룡소 출판등록 1994. 3. 17(제16-849호)
주소 (06027) 서울시 강남구 도산대로1길 62 강남출판문화센터 4층
전화 02)515-2000 **팩스** 02)515-2007 **홈페이지** www.bir.co.kr
제품명 어린이용 반양장 도서 **제조자명** ㈜비룡소 **제조국명** 대한민국 **사용연령** 3세 이상

ⓒ 박지은, 방상호, 2022. Printed in Seoul, Korea.

ISBN 978-89-491-8934-5 74400/ 978-89-491-8927-7(세트)